ICH SAGE GERN DIE WAHRHEIT

I LOVE TO TELL THE TRUTH

Shelley Admont

Illustriert von Sonal Goyal und Sumit Sakhuja

S.A.
Publishing

für die, die ich am meisten liebe-S.A.
For those I love the most-S.A.

It was a beautiful summer day. The sun was shining brightly. The birds were chirping. The butterflies and the bees were busy visiting the colorful flowers.

Little bunny Jimmy was playing ball in the backyard with his two older brothers. Their mom was watering her favorite daisies.

„Passt auf dass ihr nicht in die Nähe meiner Blumen kommt, Jungs", sagte Mama.

"Be careful not to go near my flowers, boys," said mom.

„Sicher, Mama", rief Jimmy.

"Sure mom," yelled Jimmy.

„Mach dir keine Sorgen, Mama", sagte der älteste Bruder. „Wir achten auf deine Gänseblümchen."

"Don't worry mom," said the oldest brother. "Your daisies are safe with us."

Mom went back to the house while the brothers continued to play outside.

„Hey, lasst uns jetzt ein anderes Spiel spielen", sagte der älteste Bruder und drehte den Ball auf einem Finger.

"Hey, let's play a different game now," said the oldest brother, twisting the ball.

„Welches Spiel?", fragte Jimmy.

"What game?" asked Jimmy.

Der älteste Bruder dachte eine Sekunde nach. „Lasst uns den Ball in die Luft werfen und sehen, wer es zuerst schafft, ihn zu fangen."

The oldest brother thought for a second. "Let's toss the ball in the air and see who gets to catch it first."

„Das gefällt mir", sagte Jimmy fröhlich.

"I like that," said Jimmy cheerfully.

„Lasst uns anfangen", rief der mittlere Bruder. „Los, wirf den Ball."

"Let's start," cried the middle brother. "Throw the ball now."

Der älteste Bruder warf den Ball in die Luft, so fest er konnte.

The oldest brother threw the ball up in the air as hard as he could.

Alle Häschen schauten mit offenem Mund zu, wie der große orangefarbene Ball schnell nach oben schoss. Bald wandte er sich wieder Richtung Boden.

All the bunnies looked up with their mouths open as the big orange ball quickly flew up. Soon, it began to fall back towards the ground.

Die Brüder streckten die Hände aus und warteten gespannt.

Stretching out their hands, the brothers waited eagerly.

Als der Ball kurz davor war den Boden zu berühren, rannten die älteren Brüder los, um ihn zu fangen.

When the ball was about to hit the ground, the older brothers ran to catch it.

Blitzschnell machte Jimmy einen Satz nach vorne und erreichte den Ball vor ihnen. „Hurra! Ich habe gewonnen!"

In a flash, Jimmy leapt forward and reached the ball before them. "Hurray! I win!"

Er hüpfte vergnügt und begann, aufgeregt im Garten herumzurennen.

He jumped in joy and started to run around the backyard in excitement.

Plötzlich stolperte er über einen kleinen Felsbrocken und fiel flach auf den Boden… mitten in die liebsten Gänseblümchen seiner Mama.

Suddenly, he tripped over a small rock and fell flat on the ground … right in the middle of his mom's favorite daisy plants.

„Autsch!", schrie Jimmy und hob seinen Kopf aus der feuchten Erde.

"Ouch!" yelled Jimmy, lifting his head out of the wet soil.

Sein ältester Bruder rannte herbei und half ihm wieder auf die Füße. „Jimmy, bist du verletzt?", fragte er.

His oldest brother ran over and helped him back to his feet. "Jimmy, are you hurt?" he asked.

„Nein… ich glaube, es geht mir gut", sagte Jimmy.

"No… I think I'm fine," said Jimmy.

„Das liegt daran, dass die Gänseblümchen so weich sind, sie haben dich beschützt", erklärte sein ältester Bruder.

"That's because these daisies are so soft, they protected you," explained his oldest brother.

Alle drei Hasen schauten traurig auf die Lieblingsblumen ihrer Mama, die nun zerdrückt waren.

All three bunnies looked sadly at their mom's favorite flowers, which were now crushed. Some of them were broken.

„Mama wird nicht glücklich sein, wenn sie das sieht", murmelte der älteste Bruder leise.

"Mom will not be happy to see this," murmured the oldest brother quietly.

„Mit Sicherheit", stimmte der mittlere Bruder zu.

"That's for sure," agreed the middle brother.

„Bitte, bitte erzählt Mama nicht, dass ich das getan habe. Biiiitte...", bettelte Jimmy, während er sich langsam von den zerstörten Gänseblümchen entfernte.

"Please, please, don't tell mom that I did this. Pleeeeeaaaase..." begged Jimmy, slowly moving away from the ruined daisies.

In dem Moment kam ihre Mama aus dem Haus gelaufen. „Kinder, was ist passiert? Ich habe gerade jemanden schreien hören. Ist bei euch alles in Ordnung?"

That moment, their mom came running out from the house. "Kids, what happened? I just heard someone scream. Are you all OK?"

„Uns geht es gut, Mama", sagte der älteste Bruder. „Aber deine Blumen..."

"We're fine, mom" said the oldest brother. "But your flowers..."

Erst in diesem Augenblick bemerkte ihre Mama das verwüstete Blumenbeet. Sie seufzte. „Wie ist das passiert?", fragte sie und ließ die Schultern hängen.

It wasn't until that moment that their mom noticed the ruined flowerbed. She sighed. "How did this happen?" she asked, her shoulders drooping.

„Es waren Außerirdische", antwortete Jimmy rasch. „Sie kamen von… von dort…" Er zeigte zum Himmel. „Ich habe sie über deinen kleinen Gänseblümchengarten laufen sehen. Wirklich, Mama."

"It was aliens," Jimmy hastened to answer. "They came from… out there…" He pointed to the sky. "I saw them walking over your little daisy garden. Really, mom."

Mama hob ihre Augenbraue und sah Jimmy in die Augen. „Außerirdische?"

Mom raised her eyebrow and looked into Jimmy's eyes. "Aliens?"

„Ja, und sie sind mit ihrem Raumschiff weggeflogen."

"Yes, and they flew away in their spaceship."

Mama seufzte erneut. „Es ist gut, dass sie weggeflogen sind", sagte sie, „denn jetzt wird es Zeit für das Abendessen. Vergesst nicht, eure Hände zu waschen. Und Jimmy…"

Mom sighed again. "It's good that they flew away," she said, "because now it's time for dinner. Don't forget to wash your hands. And Jimmy…"

„Ja, Mama", sagte Jimmy.

"Yes, mom," said Jimmy.

„Geh und wasch dir auch das Gesicht", fügte sie hinzu.

"Go wash your face too," she added.

Während des Abendessens war Jimmy sehr still. Er fühlte sich unwohl. Er konnte nichts essen und er konnte nichts trinken. Er wollte nicht einmal seinen liebsten Karottenkuchen probieren.

During the dinner, Jimmy was very quiet. He felt uncomfortable. He couldn't eat and he couldn't drink. He didn't even want to try his favorite carrot cake.

Am Abend konnte Jimmy nicht schlafen. Etwas fühlte sich nicht richtig an. Er stand auf und ging zum Bett seines ältesten Bruders.

At night, Jimmy couldn't sleep. Something didn't feel right. Getting up, he approached his oldest brother's bed.

„Hey, schläfst du?", flüsterte er.

"Hey, are you sleeping?" he whispered.

„Jimmy, was ist passiert?", brummte sein ältester Bruder und öffnete langsam seine verschlafenen Augen. „Geh wieder in dein Bett."

"Jimmy, what happened?" mumbled his oldest brother, slowly opening his sleepy eyes. "Go back to your bed."

„Ich kann nicht schlafen. Ich denke die ganze Zeit an Mamas Blumen", sagte Jimmy leise. „Ich hätte vorsichtig mit ihnen umgehen müssen."

"I can't sleep. I keep thinking about mom's flowers," said Jimmy quietly. "I should have been careful with them."

*„Oh, das war ein Unfall", sagte der älteste Bruder.
„Mach dir keine Sorgen. Geh wieder schlafen!"*
"Oh, that was an accident," said the oldest brother.
"Don't worry. Go back to sleep!"

„Aber ich hätte Mama nicht anlügen sollen", sagte Jimmy und blieb immer noch da.
"But I should not have lied to mom," said Jimmy still staying there.

Der älteste Bruder setzte sich in seinem Bett auf. „Ja", stimmte er zu. „Du hättest ihr die Wahrheit sagen sollen."
The oldest brother sat up on his bed. "Yes," he agreed. "You should have told her the truth."

„Ich weiß", sagte Jimmy und zuckte mit den Schultern. „Was soll ich jetzt tun?"
"I know," said Jimmy, shrugging his shoulders. "What am I going to do now?"

„Jetzt gehst du erst einmal schlafen. Und morgen früh sagst du Mama die Wahrheit. Einverstanden?"
"For now, go to sleep. And in the morning, you will tell mom the truth. Deal?"

„In Ordnung", sagte Jimmy und trottete langsam zu seinem Bett.
"OK," said Jimmy and he trudged slowly to his bed.

Am nächsten Morgen wachte er sehr früh auf, sprang aus seinem Bett und rannte los, um nach seiner Mama zu suchen. Sie war im Garten.

The next morning, he woke up very early, jumped out of his bed, and ran looking for his mom. She was in the backyard.

„Mami", rief Jimmy. „Ich war es, der deine Blumen kaputt gemacht hat, nicht die Außerirdischen." Er rannte hinüber und umarmte seine Mama.

"Mommy," Jimmy called. "I was the one who ruined your flowers, not the aliens." He ran over and hugged his mom.

Mama umarmte ihn ebenfalls und erwiderte: „Ich bin so glücklich, dass du die Wahrheit gesagt hast. Ich weiß, dass es nicht leicht war, und ich bin stolz auf dich, Jimmy."

Mom hugged him back and replied, "I'm so happy that you told the truth. I know it wasn't easy, and I'm proud of you, Jimmy."

„Bitte sei nicht traurig wegen der Blumen. Wir lassen uns etwas einfallen", sagte Jimmy.

"Please don't be sad about the flowers. We'll think of something," said Jimmy.

Mama schüttelte den Kopf. „Ich habe mir keine Sorgen um die Blumen gemacht. Ich war traurig, weil du mir nicht die Wahrheit gesagt hast."

Mom shook her head. "I was not worried about the flowers. I was sad about you not telling me the truth."

„Es tut mir leid, Mama", sagte Jimmy. „Ich werde nicht wieder lügen."

"I'm sorry, mom," said Jimmy. "I won't lie again."

Nach dem Frühstück gingen Jimmy und sein Papa ein paar neue Gänseblümchensamen kaufen und die ganze Familie half Mama dabei, sie einzupflanzen.

After breakfast, Jimmy and his dad went to buy some daisy seedlings, and the whole family helped mom plant them.

Jimmy lernte, dass es ihn und seine Familie glücklich macht, die Wahrheit zu sagen. Deshalb sagt er von diesem Tag an immer die Wahrheit.

Jimmy learned that telling the truth makes him and his family happy. That's why from that day on, he always tells the truth.